Hallo Leselauscher!

Diese Logos zeigen dir, dass dieses Buch besonders nachhaltig hergestellt wurde.

Durch das FSC®-Logo weißt du, dass nur so viel Wald abgeholzt wurde, wie für das Papier gebraucht wurde.

Das zweite Logo bedeutet, dass bei der Herstellung des Buches möglichst wenig CO_2, also Kohlenstoffdioxid, ausgestoßen wurde. Zu viel von diesem Gas schadet nämlich unserer Umwelt. Und für das Gas, was doch ausgestoßen wurde, wurde ein Ausgleich geschaffen. So ein Ausgleich kann zum Beispiel sein, dass man Bäume pflanzt. Diese nehmen das CO_2 auf und machen daraus Sauerstoff. Toll, oder?

Product footprint CO_2 Neutral PBN-CFMCP-015258 www.preferredbynature.org

FSC® www.fsc.org MIX Papier aus verantwortungsvollen Quellen FSC® C014138

Simone Mann

Kampfkunst

grafisches Gesamtkonzept:
Christine Anuschewski

Leselauscher -
Buch geschnappt und aufgeklappt!
Leselauscher -
ausprobiert und mitgemacht!

Leselauscher -
Ohren auf und Hörbuch an!
Leselauscher -
jetzt bist du mal dran!

Lesen ist wie fliegen,
sich im Sturm zu wiegen,
Drachen zu besiegen
und in der Sonne liegen.

Hören ist wie gleiten,
auf hohen Wellen reiten,
reisen durch die Zeiten
und über Berge schreiten.

Dieses Buch gehört: ____________________

Hallo Leselauscher!

Dieses Buch kannst du nicht nur lesen. Du kannst es auch hören!

Am besten hörst du erst einmal in die CD hinein und schaust dir dazu die Bilder an. Das Symbol oben auf der Seite zeigt dir die passende Tracknummer auf der CD an:

Wenn du dann die Texte selbst liest, kann dir die CD dabei helfen, die Texte besser zu verstehen. Je öfter du liest und hörst, desto besser klappt das Lesen. Infos kannst du dir dann auch besser merken. Denn Leselauscher wissen mehr!

Viel Spaß beim Lesen, Hören, Entdecken und Mitmachen!

Das musst du wissen

Diese Infos helfen dir, den Text besser zu verstehen.

Erfahre mehr

Hier gibt es zusätzliche Infos.

Probier's doch mal

Hier findest du Anleitungen zum Mitmachen, Basteln, Nähen, Ausprobieren …

Danksagung

Ich danke meinen Schülern Hana L., Jerome L. und Jan-Hendrik S. sowie meiner Trainingspartnerin Nadina A. für ihre Mithilfe.

Ein besonderer Dank gilt meinem Vater, der mich zur Kampfkunst hingeführt und darin ausgebildet hat.

Simone Mann

Bibliografische Information der Deutschen Bibliothek
Die Deutsche Bibliothek verzeichnet diese Publikation in der Deutschen Nationalbibliografie; detaillierte bibliografische Daten sind im Internet über www.dnb.de abrufbar.

www.buchverlagkempen.de

3. Auflage, Kempen 2022

Best.-Nr.: SB27, ISBN 978-3-86740-807-3

Nach der neuen deutschen Rechtschreibung

Autorin: Simone Mann, Nettetal
Hrsg.: Hans-Jürgen van der Gieth, Kempen / Sandy Willems-van der Gieth, BVK
Lektorat: BVK
Umschlaggestaltung: Christine Anuschewski, BVK
Layout und Gestaltung: Christine Anuschewski, BVK
Druck / Bindung: Jettenberger Internationale Druckagentur, D-Königsbrunn
Printed in Europe

CD (Spieldauer: ca. 62 Min.):
Sprecher(in): Patrick van der Gieth, Kempen / Kirstin Hesse, Köln
Leselauscher-Song: Janina Haselbach, BVK / Sandy Willems-van der Gieth, BVK (Text); Patrick van der Gieth, Kempen (Musik); Patrick van der Gieth, Kempen / Kirstin Hesse, Köln (Gesang)
Produziert von: INSIDE*audio*, Kempen

Inhaltsverzeichnis

Lieber Leselauscher,

der Titel des Buches weckt schon jede Menge Begeisterung für meine Sportarten: Kampfkunst. Bei mir war es so, dass ich als kleiner Junge 1964 im Fernsehen den Kampfsport Judo bei den Olympischen Spielen in Tokio verfolgte. Für mich ist Judo auch eine richtige Kunst, gepaart mit viel Liebe zur Bewegung. Es begeisterte mich total, wie die Judoka aus Japan alle anderen Kämpfer besiegten. Aber dann betrat ein Sportler die Matte, der mein Leben nachhaltig verändern sollte: Anton Geesink. Der Niederländer war der einzige Kämpfer, der im Finale einen Japaner schlagen konnte. In der Halle in Tokio war es immer laut, wenn Tausende japanische Judofans ihre Kämpfer anfeuerten. Doch jetzt war es plötzlich ganz, ganz still. Das beeindruckte mich sehr. Bald schloss ich mich einem Judo-Club an. Mir wurde sehr schnell klar, dass ich besser als der Durchschnitt sein wollte. Aber wie konnte man das erreichen? Ganz einfach – oder ganz schwer. Wenn die anderen Kinder mit dem Training fertig waren, trainierte ich noch weiter.
Das Wichtigste war für mich: trainieren, trainieren, trainieren. Und das gilt für jeden Sportler, der erfolgreich sein will.

Zuerst hatte ich nicht die ganz großen Erfolge. Erst 1984 wurde ich in Lüttich (Belgien) zum ersten Mal Europameister. Ich besiegte einen Kämpfer aus der ehemaligen DDR. Auf dem Siegerpodest zu stehen, war ein unfassbares Gefühl. Viertausend Zuschauer jubelten mir zu. Genau in diesem Augenblick kommt es darauf an, nicht abzuheben, sondern einfach für den Sport weiterzuleben.

Der Sport hat mir viel gegeben – und ich versuche jetzt als Kommentator, diese Liebe und Demut für den Kampfsport und die Kampfkunst zurückzugeben.

Ich würde mich freuen, wenn auch du dieses wunderschöne Zusammenspiel aus Bewegung, Kraft und Anmut beherrschen möchtest, das bei der Kampfkunst so wichtig ist. Bei allen Kampfsportarten und bei der Kampfkunst gelten vor allem:
Respekt, Höflichkeit und Demut!

Ich wünsche dir viel Spaß mit diesem Buch und der CD – und viel Erfolg bei der Kampfkunst!

Dein Alexander von der Groeben

Alexander von der Groeben: neunzehnfacher Deutscher Meister und zweifacher Europameister im Judo, Kampfsportexperte im Fernsehen für Eurosport, SAT.1, PRO7, ZDF; kommentierte zahlreiche Kämpfe von Weltmeisterschaften und Olympischen Spielen im Fernsehen

Großmeister Li Wan stellt sich vor

Hallo, ich heiße Li Wan und lebe in einem Kloster in China. Ich bin dort Mönch und trainiere Schülerinnen und Schüler in der Kampfkunst Kung-Fu. Das mache ich jetzt schon sehr lange. Mit meinen fast 90 Jahren fühle ich mich aber immer noch topfit. Das verdanke ich bestimmt dem jahrelangen Training. In diesem Buch erzähle ich dir, wo die Kampfkunst entstanden ist, welche Arten von Kampfkunst es gibt und was sonst noch wichtig ist.

Bitte achte beim Ausprobieren der Übungen darauf, dass du genug Platz hast und nichts kaputtmachen kannst.
Wärme dich am besten vorher auf.
Gehe bitte verantwortlich mit deinem Partner um, damit du ihn nicht verletzt.

Nr. 03

Die Geschichte der Kampfkunst

Mein Tag begann wie immer schon sehr früh morgens. Ich zog meinen Kampfkunst-Anzug an und ging in den Hof. Dort machte ich erste lockere Übungen, um mich aufzuwärmen. Als ich gerade ganz in meine Übungen vertieft war, nahm ich am Rand des Hofes etwas wahr.
„Komm ruhig näher, Chen", sagte ich. Es war einer meiner Schüler.
Seit einer Woche trainierte er in meiner Kung-Fu-Schule. „So früh schon auf den Beinen?", fragte ich ihn.
„Ja, Großmeister Wan, ich konnte nicht schlafen. Mir geht so viel durch den Kopf. Ich lerne zwar gerade Kung-Fu, aber ich weiß gar nicht genau, was Kampfkunst eigentlich ist, wo sie herkommt und was das alles hier überhaupt bedeutet." Chen schaute mich traurig an.
„Setz dich, Chen", forderte ich den Jungen auf. „Es ist richtig, dass du gekommen bist. Du stehst erst am Anfang einer langen Reise und musst noch viel lernen. Auch ich lerne mit meinen fast 90 Jahren immer noch dazu. Wenn du möchtest, werde ich dir ein bisschen über Kampfkunst erzählen. Ich bin sicher, am Ende wirst du vieles besser verstehen."

Judo

Taekwondo

Das musst du wissen

Kampfsport oder Kampfkunst?

Aus den ursprünglichen Kampfkünsten entstanden im 20. Jahrhundert die verschiedenen Kampfsport-Arten. Ziel beim **Kampfsport** ist es, sich in einem Wettkampf zu beweisen. Die Wettkämpfe verlaufen nach genauen Regeln. Im Training lernt man vor allem Wettkampf-Techniken. Dazu gehören Faust- und Tritt-Techniken, aber auch Hebel, Würfe und Haltegriffe. Es wird eher selten mit Waffen gekämpft. Zu den beliebtesten Kampfsport-Arten gehören *Taekwondo* und *Judo.* In den meisten **Kampfkünsten** lernt man auch, sich selbst zu verteidigen. Das ist wichtig bei echter Gefahr, bei der keine Regeln gelten. Deshalb übt man hier auch mit Waffen.

Im Antiken Griechenland

„Welche Kampfkunst haben die Menschen denn früher gelernt? Auch Kung-Fu, so wie ich?", fragte mich Chen.
„Kung-Fu ist zwar schon sehr alt, es gibt aber noch sehr viel ältere Kampfkünste. Wo genau die Kampfkunst entstanden ist, kann man nicht sagen. Aber nach meinem Wissen gab es auf der ganzen Welt schon immer Kampfkunst. Heute gibt es viele verschiedene Kampfkunst-Arten und Kampfkunst-Stile."

Die Kampfkünste sind wahrscheinlich vor 6 000 Jahren entstanden. Denn so lange gibt es in **Indien** bereits die Kampfkunst **Kalarippayat.** Auch in **China** werden seit etwa 4 700 Jahren **Kampftechniken** entwickelt. Sicher ist, dass man vor etwa 3 000 Jahren im **Antiken Griechenland** schon **Ringen** und **Faustkampf** trainierte. Diese Kampfkünste wurden sogar Disziplinen bei den **Olympischen Spielen.**

Beim **Pale** war derjenige **Sieger,** der seinen Gegner im Ringen dreimal auf den **Boden** brachte.
Pygme war ein Faustkampf, bei dem sich die beiden Kämpfer lange **Lederriemen** um ihre Hände banden. Gezielt wurde nur auf den **Kopf.**
Auch in Rom wurden viele **Gladiatoren-kämpfe** im Faustkampf ausgetragen.
Später gab es in Griechenland noch den **Allkampf,** der **Pankration** hieß. Hier war fast alles erlaubt. **Verboten** waren jedoch Beißen oder das Eindrücken der Augen. Der Kampf **ohne Waffen** dauerte so lange, bis ein Kämpfer **kampfunfähig** war oder **aufgab.** Die Athleten waren **nackt** und kämpften auf Sand.

Faustkampf (Pygme)

Ringen (Pale)

t-

e

Hand-Techniken

einfacher Fauststoß

Den Arm nicht ganz durchstrecken! Man trifft mit den Handknöcheln des Zeige- und Mittelfingers, nicht mit den Fingergelenken!

Schwinger

Ein Schlag, der von außen kommt und auf die Schläfen des Gegners trifft. Bei der Ausführung des Schwingers wird die Faust gedreht.

Handkantenschlag

Schlag mit der Innen- oder Außenkante der Hand, der Daumen ruht zum Schutz auf der Handinnenfläche.

Stellungen

Die Rückwärtsstellung

Das meiste Gewicht liegt auf dem hinteren Bein.

Die Vorwärtsstellung

Das meiste Gewicht liegt auf dem vorderen Bein.

Die Seitwärtsstellung oder Reiterstellung

Das Gewicht ist auf beiden Beinen gleichmäßig verteilt.

Leselauscher Wissen

Kampfkuns
Grundschu

Blöcke

Block von innen nach außen

Der Block mit links beginnt an der rechten Hüfte und endet auf Höhe der linken Schulter.

Block nach unten

Der Block mit links beginnt auf der rechten Schulter und endet kurz über dem linken Knie. Dieser Block wird meist gegen Fußtritte eingesetzt.

Block von außen nach innen

Der Block mit links

Block nach oben

Der Block mit rechts beginnt an der Hüfte und wird vor dem Körper nach oben geführt. Ist die Faust

beginnt neben dem Kopf und endet auf Höhe der rechten Schulter.

auf Kopfhöhe, bewegt sich der Ellbogen nach außen. Der Arm und die Faust drehen sich.

Tritt-Techniken

Vorwärtstritt

Getroffen wird beim klassischen Vorwärtstritt mit dem Fußballen.

Getroffen wird mit der Ferse. Das Standbein wird zur anderen Seite eingedreht.

Rückwärtstritt

Getroffen wird mit der Außenka

Seitwärtstritt

Japan

„Hast du alles so weit verstanden, Chen?“, fragte ich meinen Schüler. „Denn nun machen wir einen Sprung ins 8. Jahrhundert nach Christus, also in eine Zeit vor etwa 1 300 Jahren. Die ursprünglichen Kampfstile in Asien waren meist waffenlos. Später führte man aber auch den Kampf mit Waffen ein.“

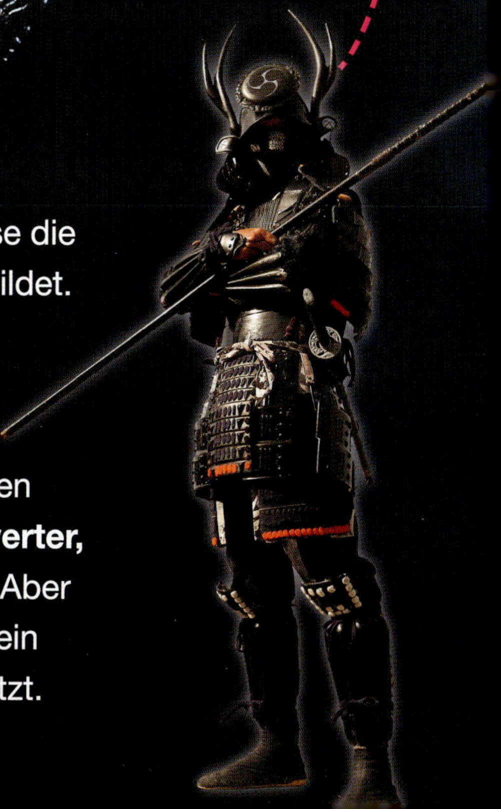

In Japan wurden beispielsweise die **Samurai** für den Krieg ausgebildet. Sie dienten ursprünglich dem **japanischen Kaiser** und dem **Adel** und trugen aufwändige Samurai-**Rüstungen.** Als Waffen benutzten sie gebogene **Schwerter,** wie zum Beispiel das **Katana.** Aber auch Bögen oder Lanzen und ein Kampfmesser wurden eingesetzt.

China

Die heutigen Kampfkünste wurden bereits 200 Jahre vor den ersten japanischen Kampfkünsten in China entwickelt.
Bodhidharma reiste vor etwa 1 500 Jahren von Indien nach China, um **so weise** wie die Mönche im **Shaolin-Kloster** zu werden. Die Mönche **meditierten** viel, um den **Verstand** zu schulen und zur Ruhe zu kommen.
Das lange Stillsitzen war aber nicht gut für die **körperliche Gesundheit.** Deshalb zeigte Bodhidharma den Mönchen, wie sie meditieren und sich gleichzeitig bewegen konnten. Das kennen wir heute noch als **Schattenboxen** und **Formenlauf.**

Das musst du wissen

Bodhidharma
(6. Jahrhundert nach Christus)
Bodhidharma stammte aus Indien und reiste 520 nach Christus nach China. Als er im **Shaolin-Kloster** ankam, soll er sich zunächst neun Jahre in eine Höhle zurückgezogen haben, um dort zu **meditieren.** Danach unterrichtete er die Mönche des Klosters. Dabei half ihm sein Wissen über **Yoga** und **Meditation** sowie über indische Kampfkünste, zum Beispiel das **Kalarippayat.** Auf diese Weise schuf Bodhidharma einige Kampfkünste, die zum Beispiel auch heute noch bekannt sind.
Eine seiner Weisheiten war:
„Alle kennen den Weg, aber wenige gehen ihn.“

Bodhidharma

Das musst du wissen

Die Meditation

Bei der Meditation konzentriert man sich auf sich selbst. Man bleibt ganz still und atmet ruhig.
Es gibt viele verschiedene Arten der Meditation im Sitzen. Dafür eignen sich der **Schneidersitz** oder der **Lotussitz.** Die Hände können ineinander liegen und ungefähr in Höhe des Bauchnabels gehalten werden. Die Daumen berühren sich und schließen so den Kreis. Die Hände können aber auch offen auf den Knien abgelegt werden. Die Fingerspitzen zeigen dann nach vorne und Zeigefinger und Daumen schließen sich jeweils zu einem Kreis. Man **atmet** langsam durch die **Nase** in den Bauch **ein.** Die Luft wird dann kurz angehalten, aber ohne zu pressen. Anschließend **atmet** man wieder langsam durch den **Mund aus.**
Es gibt auch den **Meditationslauf.** Beim Einatmen wird abwechselnd der linke oder rechte Fuß auf der Ferse einen kleinen Schritt nach vorne abgesetzt, beim Ausatmen rollt man den Fuß ab.

Probier's doch mal

Meditation

Setze dich fünf Minuten im Schneidersitz auf den Boden. Schließe deine Augen. Versuche, dich nicht zu bewegen und ruhig zu atmen. Lasse dich durch nichts ablenken. Deine Gedanken sollen einfach weiterfließen.

Europa

Europäische Kampfkünste waren **Ringen, Fechten, Boxen** und **Bogenschießen.** Auch Ritter wurden im **Mittelalter** vor allem für den Einsatz im Krieg in einer Kampfkunst ausgebildet. Sie traten aber auch bei **Ritterspielen** an und kämpften dort mit **Lanzen** und **Schwertern** gegeneinander. Als die Feuerwaffen erfunden wurden, setzte man nur noch selten Ritter und Fechter für die Verteidigung ein.

Nach dem **17. Jahrhundert** wurden die europäischen Kampfkünste immer unbeliebter. Ab 1945 verbreiteten dann asiatische Auswanderer ihre Kampfkünste in **Europa** und den **USA.** Die *neuen* Kampfkünste wurden immer angesagter, wodurch es heute auch außerhalb Asiens sehr viele verschiedene asiatische Kampfkünste gibt.

Erfahre mehr

Fechten

Bis zum 17. Jahrhundert gab es unterschiedliche **Fechtschulen,** zum Beispiel die deutsche oder die italienische Schule. Aus dem damaligen Fechten wurde das heute beliebte **Sportfechten.** Sportfechten wird mit **Degen, Florett** oder **Säbel** ausgeführt. Das sind die verschiedenen Waffen, mit denen gefochten wird.

Erfahre mehr

Bogenschießen

In Europa, aber auch bei den Mongolen, war das **Bogenschießen** weit verbreitet. Wie die **Indianer** in Amerika verbanden die Mongolen ihre Bogenschieß-künste mit ihren **Reitkünsten.** So konnten sie bei Schlachten ihre Pfeile auch von einem **galoppierenden** Pferd aus auf ihre Feinde schießen.

Heute ist Bogenschießen in der Mongolei sehr beliebt.

Nutzen und Wirkung

Chen wusste nun also, wie die Kampfkünste entstanden sind. Als Nächstes erklärte ich ihm, worum es bei der Ausübung einer Kampfkunst eigentlich geht und wofür das Training gut ist. Denn bei jeder Technik muss man auf viele Dinge gleichzeitig achten.

Kampfkünste sollen **Körper und Geist** gleich stark formen und fit halten. Mit der Zeit fallen die Übungen immer leichter, weil man viel **beweglicher** wird. Man ist auch **wachsamer** und kann sich besser auf **eine** Sache **konzentrieren,** zum Beispiel nur auf einen Arm oder die Atmung. Natürlich lernt man aber auch, sich **selbst zu verteidigen.**
Das kann in gefährlichen Situationen helfen. Geschult werden außerdem **Ausdauer** und **Schnelligkeit, Reaktion, Kraft** und **Dehnbarkeit.**
Wichtig ist, sich **respektvoll zu verhalten** und **Regeln einzuhalten.**

Die Schüler einer Kampfkunst lernen, die **Kraft** und den **Schwung** eines Angriffs für sich zu nutzen. Greift ein Gegner mit einem Fußtritt an, können sie zum Beispiel das Bein abfangen und es dann in die Tritt-Richtung weiterziehen. Der Gegner fällt zu Boden.
Eine gute **Motorik** und **Koordination** sind dabei entscheidend. Auch wie die einzelnen Techniken auf die unterschiedlichen Körperstellen wirken, ist Teil des Trainings.
Nebenbei werden noch sehr viele **Muskeln** aufgebaut. Das unterstützt eine gute **Körperhaltung.** Schwächen können durch **Stärken** ausgeglichen werden.

Das musst du wissen

Motorik und Koordination
Mit **Motorik** ist der Bewegungsablauf gemeint. Um eine Faust zu bilden, rollt man zum Beispiel zuerst die Fingerspitzen zur Handfläche und legt dann seinen Daumen darauf.
Es ist auch wichtig, Bewegungen aufeinander abzustimmen. Wenn du mit rechts angreifst, gehst du meistens auch mit dem rechten Fuß nach vorne. Das nennt man **Koordination.**

Entspannung und Anspannung

Bei Kampfkünsten unterscheidet man zwischen den sogenannten **inneren** und den **äußeren** Stilen.
Da sich viele der heutigen Kampfkünste aber gegenseitig **beeinflussen,** gehören manche Kampfkünste sowohl zum inneren als auch zum äußeren Stil.
Es gibt Kampfkünste, bei denen man hauptsächlich **weiche, fließende** Bewegungen macht. Die Muskeln sollen sich hier **entspannen.** Zu diesen Kampfkünsten gehört zum Beispiel *Tai-Chi Chuan.*
In anderen Kampfkünsten wechselt man zwischen **hart** und **weich ausgeführten** Techniken, wobei meist die **härteren** Techniken angewendet werden. Die Muskeln werden dafür **angespannt.** Dazu zählen zum Beispiel *Kung-Fu* und *Karate.*
Der Gegensatz von Entspannung und Anspannung oder weich und hart stammt aus der Lehre von **Yin und Yang.** Sie ist die Grundlage für alle Kampfkünste.

Das musst du wissen

Yin und Yang

Yin und Yang sind **Gegensätze,** die sich ergänzen und zusammen eine Einheit bilden. Solche Gegensätze sind Feuer und Wasser, Himmel und Erde, hell und dunkel oder schwarz und weiß. Yin ist das **Weibliche** und Dunkle. Yang ist das **Männliche** und Helle.

Probier's doch mal: Konzentration

Bist du bereit, eine einfache Bewegungsabfolge aus der Grundschule der Kampfkunst auszuführen und zu schauen, wie gut du dich konzentrieren kannst?
Stelle dafür deine Füße doppelt so weit auseinander, wie du breit bist. Die Füße zeigen parallel nach vorne. Beuge nun die Knie und drücke sie nach außen. Das ist die klassische **Seitwärtsstellung.** Führe nun die Techniken auf den Bildern nacheinander aus. Insgesamt musst du den Fauststoß, unterschiedliche Blöcke, den Kinnhaken, den Schwinger, den Ellbogenstoß und den Handkantenschlag können. Die zweite Hand, die keine Technik ausführt, wird zurück zur Hüfte gezogen. Schaffst du es, die richtige Reihenfolge einzuhalten?

Erklärungen zu den Techniken gibt es ab Seite 40.

Fauststoß

Fauststoß mit rechts nach vorne

Ellbogenstoß

Ellbogenstoß mit rechts zur Seite

Block

Block mit links nach oben

Schwinger

Schwinger mit rechts zur Schläfe, jetzt erst den Block zurückziehen.

Kinnhaken mit rechts
Die rechte Hand nach dem Kinnhaken sofort zurück zur Hüfte ziehen, die linke Hand bleibt im Block.

Kinnhaken

Block

Block mit links von außen nach innen

Faustostoß

Fauststoß mit links

Fauststoß

Fauststoß mit rechts

Block

Block mit links nach unten

Handkanten-schlag

Handkantenschlag mit links nach vorne

Wie oft schaffst du den Bewegungsablauf ohne Fehler? Kannst du ihn nach einer Stunde immer noch? Füge weitere Techniken hinzu! Wie viele schaffst du hintereinander?

Probier's doch mal: Gleichgewicht

Lass uns etwas ausprobieren und schauen, wie gut deine Körperbeherrschung bereits ist. (1) Nimm die **Seitwärtsstellung** ein. Schließe deine Hände zu Fäusten (siehe Bild unten links) und halte deine Arme in Kampfdeckung vor deinen Körper.
(2) Stelle dich auf das linke Bein. Winkle dann das rechte Bein an und ziehe dein Knie hoch bis zur Brust. (3) Strecke jetzt dein rechtes Bein nach vorne zu einem **Vorwärtstritt** aus. Kannst du das Gleichgewicht für drei Sekunden mit ausgestrecktem Bein halten? (4) Winkle das rechte Bein nun wieder an. (5) Strecke das rechte Bein dann langsam nach rechts zu einem **Seitwärtstritt** aus. Halte diese Position für drei Sekunden. Wackelst du schon?
(6) Ziehe dein rechtes Bein wieder vor deinen Körper zurück. (7) Nun streckst du es nach hinten zu einem **Rückwärtstritt** aus. Dein Oberkörper geht leicht nach vorne. Schaue über die Schulter nach hinten.
(8) Halte die Position für drei Sekunden, ziehe dein Bein wieder zum Körper
(9) und setze es dann zurück in die **Seitwärtsstellung** ab.
Hast du es geschafft, ohne zwischendurch abzusetzen und zu wackeln? Bravo, deine Körperbeherrschung ist schon ganz ordentlich. Trotzdem solltest du weiter üben.
Versuche es auch mit dem anderen Bein.

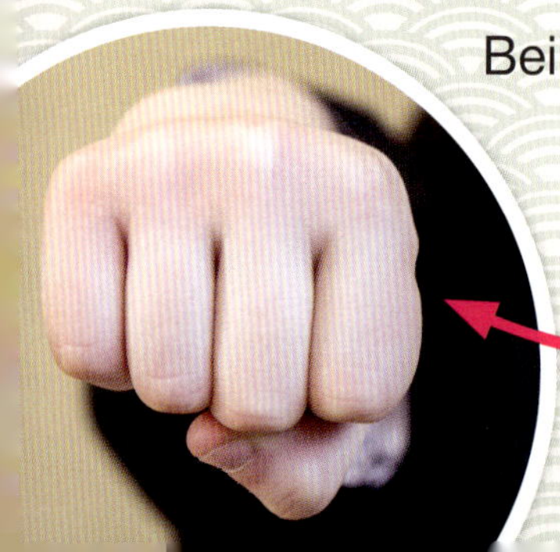

Achte auf deinen Daumen!

Ein starkes Selbstbewusstsein

Auch mein Schüler Chen hat diese kleine Übung ausprobiert. Er war erst noch etwas wackelig auf den Beinen. Mit ein wenig Konzentration klappte es dann aber immer besser. Eine Sache hatte ich ihm aber noch nicht erzählt. Es hat nämlich noch einen Vorteil, eine Kampfkunst zu trainieren: Hierdurch wird das Selbstbewusstsein gestärkt. Das ist wichtig, um schwierige Situationen richtig einschätzen und entsprechend reagieren zu können.

Wenn du selbstbewusst bist, fühlst du dich zum Beispiel auf dem Schulhof oder dem Spielplatz sicherer.
Im Training lernst du, richtig zu reagieren. Dadurch strahlst du eine gewisse **Ruhe** aus und kannst deine mögliche **Angst** verbergen.

Durch die antrainierte **aufrechte Körperhaltung** zeigst du, dass du selbstbewusst bist. Du verhinderst die **Duckmäuser-Haltung.** Diese Haltung vermittelt anderen nämlich „Ich bin schwach und ein leichtes Opfer“.

Wichtig ist vor allem zu wissen, was man vermeiden sollte:

- Fordere den Angreifer nicht heraus!
- Kehre ihm nie den Rücken zu!
- Schließe nicht deine Augen!
- Lasse dich nicht in eine Ecke drängen!
- Unterschätze die Situation unter gar keinen Umständen!
- Lasse dich nie ablenken!

Tai-Chi Chuan

„Großmeister Wan, ich habe nun schon so viel über Kampfkünste erfahren. Du hast auch etwas über Entspannung gesagt und dass es dafür auch Kampfkünste gibt. Nach einem anstrengenden Schultag wäre so ein bisschen Entspannung echt toll. Kannst du mir vielleicht mehr darüber erzählen?", fragte mich Chen.
„Natürlich, Chen. Am besten fangen wir mit Tai-Chi Chuan an."

Das Tai-Chi Chuan oder Tai-Chi heißt übersetzt so viel wie *höchste Faust.*
Der Chinese **Chen Wangting** hat das Tai-Chi wahrscheinlich im **17. Jahrhundert** erfunden. Er war General im Heer des damaligen Kaisers. Als dieser Kaiser seine Herrschaft verlor, zog sich Chen Wangting in seine Heimat zurück. Dort entwickelte er den **Chen-Stil,** das chinesische Schattenboxen. Zunächst lernte nur seine **Familie** den Stil.

Im **19. Jahrhundert** erfanden dann vier andere Familien jeweils einen eigenen Stil. Insgesamt gibt es also fünf große Stile.
Früher war das Tai-Chi eine **Nahkampfkunst,** bei der mit und ohne Waffen gekämpft wurde. Man wechselte sehr schnell zwischen **harten und weichen** Techniken.
Heute sind die Bewegungen beim Tai-Chi **weich und fließend.** Körper und Geist werden **entspannt.** Das **Chi** wird unterstützt. Verspannte Muskeln und Gelenke werden gelockert. Der Körper wird so viel biegsamer. Tai-Chi ist daher gut für die **Gesundheit** und wird in der **Medizin** eingesetzt.
Beim Tai-Chi gibt es auch Übungen zur **Selbstverteidigung** und **Formenläufe** mit Waffen. Das sind festgelegte Bewegungsabfolgen, die zum Beispiel mit einem **Schwert oder Fächer** ausgeführt werden.

Erfahre mehr

Alles eine Frage des Drucks

Beim Tai-Chi werden die Bewegungen durch **Veränderungen** im Bauch gesteuert. Wenn du den Bauch **anspannst,** bewegst du deine Arme nach **oben oder außen.** Wenn du den Bauch **locker** lässt, bewegst du deine Arme nach **unten oder innen.** Ob du den Bauch anspannst oder entspannst, wirkt sich auch auf die Schnelligkeit und Kraft deiner Technik aus. Dabei gilt: Je **schneller** du eine Technik ausführst, desto **kräftiger** fällt sie aus. Auch die **Atmung** ist wichtig. Sie sollte ruhig und tief sein. Beim **Einatmen** wird das Zwerchfell zum **Unterbauch** gezogen, der Bauch wird **angespannt** und die Energie kann fließen. Beim **Ausatmen entspannen** sich das Zwerchfell und der Bauch wieder und die Energie wird schwächer.

Shaolin-Mönche

Das musst du wissen

Das Chi

Mit Chi meint man die **Lebensenergie,** die durch den Körper fließt. Jeder Mensch besitzt Chi. Es spielt eine besondere Rolle in der Kampfkunst, weil davon abhängig ist, wie die Übung ausgeführt wird. Ein erfahrener Kampfkünstler kann zum Beispiel mehrere **Bretter** mit nur **einem** Handkantenschlag zerteilen, ohne sich zu verletzen. Das liegt am Chi, das der Kampfkünstler in seiner Hand für diese Technik **angesammelt** hat.

Vielleicht hast du ja schon einmal eine Aufführung von **Shaolin-Mönchen** gesehen und erlebt, wozu sie fähig sind. Das können die Mönche nur durch jahrelanges Training des Chi.

Qigong

„Das mit dem Chi ist echt cool", sagte Chen begeistert.
Ich bat meinen Schüler noch einmal ausdrücklich, dass er nichts von dem nachmacht, was er bei den Shaolin-Mönchen gesehen hat. Wenn man seinen Chi-Fluss nicht steuern kann, dann sind die Techniken mit Waffen nämlich sehr gefährlich. Dann erzählte ich ihm, dass man sich auch mit Übungen aus dem Qigong entspannen kann.

Qigong ist eigentlich keine Kampfkunst, weil nicht gekämpft wird. Einige Übungen gibt es aber auch in den Kampfkünsten. Manche Übungen des Qigong sind schon fast 2 000 Jahre alt. Sie stammen aus China.
Beim Qigong geht es um **Bewegung, Meditation** und **Atmung.** Viele Übungen werden wie beim Tai-Chi in der **Medizin** angewendet. Es werden Krankheiten behandelt und es wird zur **Vorbeugung** genutzt. Durch die Übungen und die Meditation **entspannt** man sich nämlich. Stress und Verspannungen werden gelöst.

Körper und Geist sollen außerdem gestärkt und ins Gleichgewicht gebracht werden. Bei der Ausübung von Qigong **atmet** man **bewusst.** Auch die Bewegungen werden bewusst ausgeführt. Man lernt, sein **Chi,** also die Lebensenergie, für bestimmte Bewegungen zu sammeln.

Erfahre mehr

Qi ist mit Chi gleichzusetzen und heißt *Lebensenergie,* gong bedeutet *Übung.*

In China gibt es **fünf Elemente,** das sind Feuer, Erde, Metall, Wasser und Holz. Die Elemente sind in einem Kreis angeordnet, wie du im Schaubild sehen kannst. Ihnen sind auch Organe, Farben, Gefühle und Jahreszeiten zugeordnet.
Beim Qigong gibt es zu jedem Element Übungen, mit denen man seinen Energie- und Blutkreislauf stärkt.
Beim sogenannten **Spiel der fünf Tiere** stehen die Elemente in Verbindung mit **Tieren.** Das können unterschiedliche Tiere sein, zum Beispiel **Hirsch, Affe, Bär, Kranich** und **Tiger.** Zu jedem Tier gibt es **zwei Übungen.** Sie zeigen Merkmale und den Charakter des Tieres. Für den Tiger formt man mit den Händen Krallen. Beim Hirsch macht man mit den Händen das Geweih nach und beim Kranich sind die Arme und Hände die Flügel. Der Affe ist zum Beispiel neugierig und der Bär schwerfällig. Man bewegt sich so, wie sich das Tier selbst bewegen würde.

Chen wollte sofort ein paar Tierübungen ausprobieren. Also zeigte ich ihm jeweils eine von zwei Übungen. Er versuchte, sie nachzumachen. „Mir gefällt ja am besten der Tiger, wobei der Affe auch echt lustig ist", sagte er dann.

Jetzt möchte ich dir mehr über die Kampfkünste erzählen, in denen die Selbstverteidigung eine größere Rolle spielt. Das sind zum Beispiel Aikido und Jiu-Jitsu. Aikido ist eine Kampfkunst, die noch ziemlich neu ist. Jiu-Jitsu hingegen gibt es schon sehr lange.

Aikido

Der Japaner **Morihei Ueshiba** entwickelte das Aikido Anfang des **20. Jahrhunderts.** Beim Aikido geht es vor allem um eine gute **Selbstverteidigung.** Der Gegner soll so weit unter **Kontrolle** gebracht werden, dass er nicht weiterkämpfen kann. Ein Gegenangriff wird vermieden. Der Angreifer soll nicht verletzt werden, sondern nur durch **Kreis- und Drehbewegungen** sein **Gleichgewicht** verlieren. Dann kann eine **Hebel- oder Wurftechnik** angesetzt werden. Man verteidigt sich gegen bewaffnete und unbewaffnete Gegner.
Der Gegner setzt wahrscheinlich viel Kraft für seinen Angriff ein. Diese **Kraft** und den **Schwung** des Angriffs kann man ganz leicht bei der Verteidigung **ausnutzen.** Der Angriff wird einfach in eine andere Richtung umgelenkt. Dadurch braucht man selbst nur **wenig Kraft.** Die Bewegungen im Aikido sind eher **weich.** Es gibt keine Tritte, Schläge oder Blöcke. Die Techniken im Aikido wurden von anderen Kampfkünsten beeinflusst. Deshalb wird neben der Selbstverteidigung auch mit dem **Langstock** und dem japanischen **Schwert** trainiert sowie die **Fallschule** geübt.

Erfahre mehr

Ai steht für *Harmonie,* Ki ist das japanische Wort für Chi und bedeutet *Lebensenergie.* Do heißt *Weg.* Die Schüler des Aikido nennt man *Aikidoka.* Die Trainingshalle wird *Dojo* genannt und der Lehrer *Sensei.*

Aikidoka im Hakama

Jiu-Jitsu

Das Jiu-Jitsu oder Ju-Jutsu ist eine Kampfkunst aus **Japan.** Es entwickelte sich wahrscheinlich aus einer indischen **Massagekunst.** Früher übten auch die **Samurai** Techniken des heutigen Jiu-Jitsu aus. Wie beim Aikido ist das Ziel, dass ein Gegner unter **Kontrolle** gebracht wird. Beim Jiu-Jitsu **weicht** man jedoch **aus** und **blockt** den Angriff **ab.** Dafür werden Wurf-, Griff-, Hebel- und Schlagtechniken eingesetzt. Man verteidigt sich **ohne Waffen,** selbst wenn der Gegner Waffen hat. Als wichtige Persönlichkeit im Jiu-Jitsu gilt der Japaner **Katsukuma Higashi.** Er zeigte die Kampfkunst auch im Ausland. Scheinbar überlegene Gegner besiegen zu können, wurde begeistert aufgenommen.
Der Deutsche **Erich Rahn** wurde Higashis Schüler. Er gründete 1906 seine eigene Schule in Deutschland.

Nach und nach hat sich dann aus dem Jiu-Jitsu der Kampfsport **Judo** entwickelt. Auch im **Aikido** und in einigen Stilrichtungen im **Karate** gibt es Übungen und Techniken aus dem Jiu-Jitsu.
Neben der Selbstverteidigung gehört auch die **Fallschule** zum Trainingsprogramm.

Erfahre mehr

Jiu-Jitsu ist eine **Nahkampfkunst.** Es geht vor allem um Übungen, bei denen man sich ohne Waffen verteidigt. Die Übungen sind so einfach, dass man selbst möglichst wenig Kraft einsetzt.
Jiu bedeutet *sanft,* Jitsu heißt *Kunst.*

Das musst du wissen

Die Fallschule

Manchmal kommt es vor, dass man zum Beispiel stolpert und dadurch **stürzt.** Dann kann die Fallschule helfen. Hier lernt man nämlich, sich unterschiedlich **abzurollen.** Ist das nicht möglich, muss man so auf dem Boden aufkommen, dass man sich nicht oder möglichst wenig verletzt. Auch das lernt man in der Fallschule.

Karate

„Karate gehört doch zu den Kampfkünsten mit härteren Techniken, oder, Großmeister?", fragte mich Chen. „Ja, du hast mir gut zugehört. Karate ist eine japanische Kampfkunst, die auf der Inselgruppe Okinawa entstand."

Im **17. Jahrhundert** haben die Japaner das Königreich Ryukyu auf der Inselgruppe Okinawa **besetzt** – bis heute.
Sie schickten bewaffnete Samurai-Krieger dorthin. Die Bewohner der Insel durften jedoch **keine Waffen** tragen.
Die Bauern und Fischer litten sehr unter der Besatzung und überlegten, wie sie sich **ohne Waffen** verteidigen könnten. Sie entwickelten daher neue **Kampftechniken,** die man als Okinawa-te bezeichnete. Das te bedeutet *Hand,* da man hauptsächlich Techniken mit der Hand ausführt.
Viele der heutigen Karate-Stile entstanden aus dem Okinawa-te.

Erfahre mehr

Die Trainingshalle wird beim Karate *Dojo* genannt. Die Trainingsmatten nennt man *Tatami.* Die Grundlage für alles ist die **Grundschule,** die *Kihon* heißt. Die Grundschule braucht man zum Beispiel für die **Partnerübungen,** die *Kumite* genannt werden, und die **Formenläufe,** zu denen man *Kata* sagt. Die Schüler des Karate nennt man *Karateka,* den Meister spricht man mit *Sensei* und den Großmeister mit *O-Sensei* an.

Das **moderne Karate** wurde von dem Japaner **Gichin Funakoshi** entwickelt. Er unterrichtete ab 1922 Karate. Manche sagen auch **Karate-Do** dazu. Das heißt *Weg der leeren Hand.* Heute ist der Karate-Stil von Funakoshi unter dem Namen **Shotokan** bekannt.
In Japan, aber auch in anderen Ländern ist vor allem das Shotokan Karate verbreitet. Funakoshi stellte 20 **Regeln** für seine Schüler auf. In ihnen sind die wichtigsten Merkmale der Kampfkünste zusammengefasst. Um Karate oder andere Kampfkünste zu erlernen, braucht man nämlich Ausdauer. Man muss viele Regeln befolgen. Es geht nicht darum zu gewinnen, sondern sich im schlimmsten Fall verteidigen zu können. Am besten lässt man es aber erst gar nicht so weit kommen.

Erfahre mehr

Das Kiai

Sehr wichtig beim Karate ist das **Kiai,** also der Kampfschrei. Natürlich gibt es ihn auch in den anderen Kampfstilen. Bei den Formenläufen im Karate gibt es bestimmte Techniken, bei denen man schreien muss. Probiere es aus: Stelle dich mit Abstand vor einen Spiegel. Mache einen Fauststoß ohne Kiai. Mache dann einen Fauststoß mit Kiai. Hast du einen Unterschied gemerkt? Wahrscheinlich ist der Fauststoß in Verbindung mit dem Kiai viel **stärker** ausgefallen. Das Kiai hätte deinen Gegner sicher **überrascht** und er hätte deinen Fauststoß auch viel mehr gespürt.

Das musst du wissen

Der Formenlauf

Natürlich wollte man die verschiedenen Techniken nicht vergessen und an die Nachkommen weitergeben. Aus Angst vor Feinden konnten sie aber nicht einfach aufgeschrieben werden. So entstanden die **Formenläufe.** Auf Japanisch heißen sie **Kata.** Bei den Formenläufen werden einzelne Techniken aneinandergereiht.
Andere sollten aber nicht sofort erkennen, dass es **Kampftechniken** waren. Darum baute man häufig auch noch Bewegungen von **Stammestänzen** ein.
Bei den heutigen Formenläufen stellt man sich einen **Kampf** gegen **unsichtbare** Gegner vor. Die **Reihenfolge** der Techniken ist dabei **festgelegt.**

„So, Chen, jetzt haben wir schon eine Weile hier gesessen und erzählt. Wir sollten uns ein bisschen bewegen. In meinem Leben habe ich schon viele Reisen unternommen und durfte sogar in Japan bei einem Großmeister ein wenig Karate lernen. Ich möchte dir nun gerne einen einfachen Formenlauf aus dem Karate zeigen. Er heißt Heian Shodan. Einen Formenlauf aus dem Kung-Fu, den Drachenstil, kennst du ja bereits, Chen. Am besten stellen wir uns dort hinten hin, wir brauchen nämlich viel Platz!“

VWS: Vorwärtsstellung
RWS: Rückwärtsstellung
SWS: Seitwärtsstellung

Alle Techniken und Stellungen werden in der Grundschule (ab Seite 40) genau erklärt.

Drachenstil

(als Beispiel Teil 2 aus dem großen Drachen)

Geschlossen stehen, die rechte Hand auf die linke Hand legen.

Mit dem linken Bein nach links in eine **SWS** gehen, dabei einen **Doppelblock** nach außen ausführen.

Das rechte Bein hinter das linke stellen und erneut einen **Doppelblock** nach außen ausführen.

Mit rechts nach vorne in eine rechte **VWS** wechseln, mit der linken Hand einen **Block nach außen** und mit der rechten Hand einen **Block nach unten** ausführen.

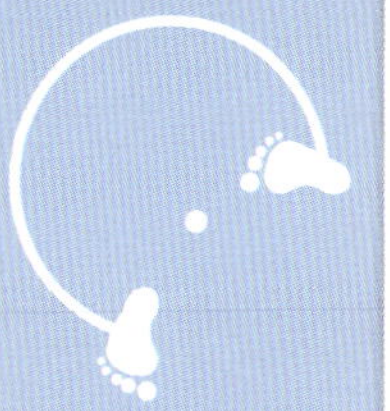

Nun mit dem rechten Bein rechtsherum einen Dreiviertelkreis auf dem Boden nachziehen und in einer linken **VWS** enden. Dabei mit der rechten Hand einen **Ellbogenstoß** mit links abfangen.

Die Fäuste einmal umeinander drehen. Mit der rechten Faust einen **Block nach außen** ausführen, die linke zur Hüfte ziehen.

In der Stellung nach rechts (Vierteldrehung) eindrehen und noch einmal mit rechts einen **Block nach außen** ausführen.

Zurück nach links eindrehen (linke **VWS),** mit der linken Hand einen offenen **Block nach außen,** mit der rechten Hand **nach unten** ausführen.

Mit dem rechten Bein einen **Vorwärtstritt** nach vorne ausführen.

Ohne abzusetzen mit dem rechten Bein einen **Seitwärtstritt** ausführen. Den Fuß etwas weiter nach links eingedreht in einer **RWS** absetzen. Die **RWS** wendet sich in die dem Tritt entgegengesetzte Richtung.

Einen weiteren **Seitwärtstritt** mit rechts ausführen und wieder absetzen. Dann mit links gegen den Uhrzeigersinn in eine rechte **RWS** zurückgehen.

Mit links Schwung nehmen und einen rechten **Sprungtritt** nach vorne ausführen, in einer **SWS** enden.

Das Gewicht auf das linke Bein verlagern, den Körper leicht eindrehen, mit links einen offenen **Block nach außen** und mit rechts einen offenen **Block nach unten** ausführen.

Zur anderen Seite eindrehen und das Gewicht auf das rechte Bein verlagern, dabei mit rechts einen offenen **Block nach außen** und mit links **nach unten** ausführen.

Den linken Fuß heranziehen und schließen, indem du die rechte Hand auf die linke legst. Du endest so, wie du begonnen hast.

Heian Shodan

Zunächst **verbeugen,** dann einen kleinen Schritt nach rechts gehen, die Fäuste vor dem Körper kreuzen und dann zu den Hüften bewegen.

Nach links in die linke **VWS** wechseln und mit der linken Hand einen **Block nach unten** ausführen.

Mit rechts in eine rechte **VWS** vorgehen und mit der rechten Hand einen **Fauststoß** ausführen.

Zur entgegengesetzten Richtung in eine rechte **VWS** drehen und mit der rechten Hand einen **Block nach unten** ausführen.

Etwas nach oben in eine lockere **VWS** kommen. Dabei mit rechts in einer Kreisbewegung vor dem Körper einen **Hammerschlag** von oben ausführen.

Mit links in eine linke **VWS** vorgehen und mit der linken Hand einen **Fauststoß** ausführen.

Jetzt mit dem linken Fuß nach links in eine linke **VWS** wechseln. Mit der linken Hand einen **Block nach unten** ausführen. Die linke Faust wird kurz geöffnet und zum Kopf geführt.

Dann mit rechts vorgehen und einen **Block nach oben** ausführen. Dabei die linke Hand als Faust zur Hüfte ziehen.

Mit links vorgehen und links einen **Block nach oben** ausführen. Die rechte Hand gleichzeitig öffnen und zur Hüfte zurückziehen.

Noch einmal mit rechts **wiederholen.** Dabei *Kiai* oder *Ha* schreien. Die linke Hand gleichzeitig öffnen und zur Hüfte zurückziehen.

Jetzt eine Dreivierteldrehung nach links in eine linke **VWS** machen und mit der linken Hand einen **Block nach unten** ausführen.

Mit rechts vorgehen und mit der rechten Hand einen **Faustst0ß** ausführen.

Zur entgegengesetzten Richtung in eine rechte **VWS** drehen und mit rechts einen **Block nach unten** ausführen.

Mit links vorgehen und mit der linken Hand einen **Fauststoß** ausführen.

Eine Vierteldrehung nach links in eine linke **VWS** machen und mit der linken Hand einen **Block nach unten** ausführen.

Mit rechts in eine rechte **VWS** vorgehen und mit der rechten Hand einen **Fauststoß** ausführen.

Das Gleiche mit links **wiederholen.**

Noch einmal mit rechts **wiederholen.** *Kiai* oder *Ha* schreien. Du drehst dich dann in einer Dreivierteldrehung nach links …

in eine linke **RWS.** Mit links einen **Handkantenschlag** ausführen, die rechte Hand offen unterhalb der Brust halten.

Etwas nach rechts gedreht in eine rechte **RWS** vorgehen. Mit der rechten Hand einen **Handkantenschlag** ausführen und die linke Hand offen unterhalb der Brust halten.

Du drehst dich weiter nach rechts, bis du in der entgegengesetzten Richtung zu Nr. 20 endest, rechte **RWS.** Mit der rechten Hand einen **Handkantenschlag** ausführen, die linke Hand bleibt unverändert.

Etwas nach links gedreht in eine linke **RWS** vorgehen. Mit der linken Hand einen **Handkantenschlag** ausführen und die rechte Hand offen unterhalb der Brust halten.

Das linke Bein ein Stück heranziehen und dabei den Körper so drehen, dass du wie in Nr. 2 endest. Zuletzt das rechte Bein komplett heranziehen und **verbeugen.**

Kung-Fu

„Du hast nun schon einige Kampfkünste kennengelernt. Jetzt möchte ich dir noch etwas über die Kampfkunst erzählen, die wir beide lernen, das Kung-Fu. Übrigens gibt es heute etwa 400 Stile innerhalb der Kampfkunst Kung-Fu."

Neben Kung-Fu gibt es auch noch die Bezeichnung **Wushu,** das bedeutet *alte Kriegskunst.* Zum Wushu gehören alle chinesischen Kampfkünste. Man unterscheidet zwischen der nördlichen und der südlichen Tradition des Kung-Fu. Zur **nördlichen Tradition** gehört das Shaolin Kung-Fu, das von **Bodhidharma** und den **Shaolin-Mönchen** entwickelt wurde. Vor etwa 650 Jahren herrschten die **Ming-Kaiser** in China. Ihre Herrschaft dauerte etwa 300 Jahre. Zu dieser Zeit wurde Shaolin Kung-Fu nicht mehr nur zur **Meditation** ausgeübt, sondern auch bei **Streitigkeiten** angewendet.
In den folgenden Jahrhunderten wurde das Shaolin-Kloster mehrmals **zerstört** und wieder aufgebaut. Die Kampfkunst blieb aber dennoch bestehen.

Erfahre mehr

Kung-Fu heißt übersetzt *harte Arbeit.* Es dauert nämlich lange und man muss viel lernen, bis man Kung-Fu beherrscht. Auch Klavierspielen könnte man nach dieser Übersetzung als Kung-Fu bezeichnen. Denn da muss man auch viel üben, bis man ein Lied spielen kann. Beim Kung-Fu ist es wichtig, sich ständig **weiterzuentwickeln,** selbst für einen Meister. Der Meister im Kung-Fu wird mit *Sifu* angesprochen.

Als Bodhidharma das Kung-Fu entwickelt hat, soll er auch das Verhalten von Tieren beobachtet haben. So entstanden die acht bekannten **Tierstile** des Shaolin Kung-Fu, nämlich Drache, Affe, Gottesanbeterin, Schlange, Kranich, Tiger, Leopard und Adler. Das Shaolin Kung-Fu ist eine äußere, also **harte** Kampfkunst. Es wird ohne Waffen, aber auch mit Waffen gekämpft, hauptsächlich mit **Stöcken.**

Zur **südlichen Tradition** gehört das Wudang Kung-Fu, das in den Wudang-Bergen entwickelt wurde. Einer Legende nach soll ein Mönch namens **Chang San-Feng** einen **Kampf** zwischen einem Kranich und einer Schlange beobachtet haben. Die weichen Bewegungen der **Schlange** sollen ihn dann auf die Idee eines neuen Kung-Fu-Stils gebracht haben. Die südliche Tradition umfasst innere, also **weiche** Kampfkünste. Dazu gehört auch das Tai-Chi. Im Wudang Kung-Fu kämpft man hauptsächlich mit dem **Schwert.**

„Das versteht man also, wenn man von der südlichen und der nördlichen Tradition des Kung-Fu spricht“, sagte mein Schüler.
„So ist es, Chen. Im Süden Chinas ist noch ein weiterer Kung-Fu-Stil entstanden. Es ist das Wing Chun Kung-Fu.“

Das Wing Chun Kung-Fu soll sich die Nonne **Ng Mui** ausgedacht haben. Sie musste aus dem Shaolin-Kloster in den **Süden** Chinas fliehen. Dort unterrichtete sie ein **Mädchen** in ihrer Kampfkunst. Das Mädchen hieß Yim Wing Chun. Von ihr hat die Kampfkunst ihren Namen. Wing Chun bedeutet *schöner Frühling.*
Großmeister **Ip Man** machte die Kampfkunst bekannt. Er lernte zunächst selbst viele Jahre Wing Chun und baute dann mehrere **Schulen** auf. Hilfe fand er dabei bei seinen Schülern.
Ab dem Jahr 2008 entstanden mehrere Filme über das Leben des Großmeisters, darunter die **Ip-Man-Reihe** mit dem Schauspieler **Donnie Yen.**

Vor Donnie Yen und den Filmen über Ip Man gab es bereits viele andere **Kampfkunst-Filme.** Einer der ersten **Kampfkunst-Schauspieler** war **Bruce Lee.** Durch ihn wurden die Kampfkunst-Filme bekannt und verbreitet. Bruce Lee gilt als der größte Kampfkünstler des 20. Jahrhunderts. Er lernte selbst mehrere Kampfkünste, darunter Wing Chun bei Ip Man persönlich. Mit der Zeit entwickelte er dann seinen ganz eigenen Stil, das **Jeet Kune Do.** Damit hatte Bruce Lee das Kung-Fu stark verbessert, was er auch in mehreren Filmen zeigte.

Vielleicht hast du auch schon einmal einen Film mit **Jackie Chan** gesehen. Er ist einer der bekanntesten **Kampfkunst-Schauspieler** der heutigen Zeit und hat bereits sehr viele Filme gedreht. Er ist unter anderem als Lehrmeister in **Karate Kid** aus dem Jahr 2010 zu sehen. In seinen Filmen verbindet er **Akrobatik** und verschiedene **Kampfkunst-Techniken.** Aber nicht nur in Filmen mit echten Menschen gibt es Kung-Fu.

Auch in den Zeichentrickfilmen **Kung Fu Panda** lernt der Pandabär Po Kung-Fu.

Kleine Waffenkunde

„Chen, das Wesentliche weißt du nun über die Kampfkünste. Ich möchte dir aber noch etwas über verschiedene Waffen erzählen, die in manchen Kampfkünsten eingesetzt werden. Denn auch wenn die Kampfkunst ursprünglich auf den Kampf mit Waffen verzichtet hat, gehört das Training mit Waffen heute meistens dazu. Man lernt Formenläufe mit Waffen, aber auch Techniken zur Selbstverteidigung mit oder ohne Waffe gegen Waffenangriffe."

meist etwa 65 cm lang aus verschiedenen Hölzern (Es gibt auch längere Kurzstöcke.)

Kurzstock

Langstock

Erfahre mehr

Waffenkünste

Bei einigen Kampfkünsten trainiert man vor allem, wie man mit Waffen umgeht. Die drei großen Stock-Kampfkünste heißen **Eskrima, Kali** und **Arnis.** Diese Kampfkünste kommen von den Philippinen, einer Inselgruppe im Pazifischen Ozean.

etwa 25 cm lang,
für das Training aus
Aluminium oder Gummi

Messer

Saigabel

Hieb- und Stichwaffe, ähnlich aufgebaut wie ein Dreizack, die mittlere Spitze ist aber deutlich länger als die beiden äußeren Spitzen

Schwert

entweder ein chinesisches Breitschwert mit leicht biegsamer Klinge oder ein Katana, das aus Holz gefertigt ist, also das Samurai-Schwert nur aus Holz

Fächer

60 x 30 cm groß, meist bunt mit Verzierungen

Lanze oder Speer

Stichwaffe, die aus einer langen Stange (wie der Langstock) mit einer scharfen Spitze besteht

Schüler- und Meistergrade

„In manchen Kampfkünsten tragen die Schüler und Meister bunte Gürtel. Was bedeuten die Gürtel?“, fragte mich nun Chen. „Also, das ist so“, antwortete ich. „Traditionell gibt es in allen chinesischen Kampfkünsten keine Graduierung, also Rangfolge. Jeder soll sich ständig weiterentwickeln. Die Entwicklung hört im Grunde genommen also nie auf. Dennoch haben viele Vereine eine Rangfolge eingeführt, die jedoch nach Kampfschule und Kampfkunst sehr unterschiedlich sein kann. Die Kampfkünste sind aber immer in Schüler- und Meistergrade eingeteilt.“

Die **Schülergrade** nennt man beim Karate *Kyu* und beim Kung-Fu *Tjie.* **Meistergrade** werden im Karate als *Dan* bezeichnet und im Kung-Fu als *Toan.* Welchen Rang man hat, zeigt die Farbe des **Gürtels,** den man über seinem **weißen** oder **schwarzen** Kampfkunst-Anzug trägt.

Die Farben der Gürtel werden mit jedem Rang dunkler. Um einen höheren Rang zu erhalten, muss man eine **Prüfung** vor einem oder mehreren Meistern ablegen. Dann zeigt man Übungen zur Selbstverteidigung und Formenläufe.

Die Meister prüfen auch, ob man die Stellungen und Techniken richtig macht. Hat man die Prüfung bestanden, bekommt man den nächsten Gürtel. Häufig gibt es auch **Zwischenschritte,** in denen man einen **zweifarbigen** Gürtel trägt.

Die Gürtelfarben

So sieht meistens die Gürtelabfolge aus:

Aus welchem Material der Gürtel ist und wie man den Gürtel umbindet, ist unterschiedlich. Beim Karate wird der Gürtel vor dem Körper verknotet, beim Kung-Fu trägt man den Knoten links oder in der Mitte.

Die Schüler stellen sich immer ihrem Rang nach auf, sowohl bei der **Begrüßung** und **Verabschiedung** 1 als auch bei der **Grundschule** 2 . Aus Sicht des Meisters steht links der Schüler mit dem **höchsten Gürtel,** rechts steht der Schüler mit dem niedrigsten Gürtel. Auch die einzelnen Reihen in der Grundschule werden so angeordnet.

Stellungen

Die drei Grundstellungen sind die **Vorwärts-,** die **Seitwärts-** und die **Rückwärtsstellung.** Daneben gibt es noch einige nicht so häufig gebrauchte Stellungen wie die Katzenstellung.

Bei der **Vorwärtsstellung** stellt man die Füße ungefähr so weit auseinander, wie die Schultern breit sind. Der vordere Fuß steht aber zwei Schultern breit weiter vorne. Die Zehen des vorderen Fußes zeigen nach vorne, die des hinteren Fußes leicht zur Seite. Das vordere Knie bildet möglichst einen 90°-Winkel, das hintere Bein ist gestreckt. Das Gewicht wird vor allem auf das **vordere Bein** verlagert. Der Oberkörper zeigt nach vorne.

Bei der **Rückwärtsstellung** steht ein Fuß etwa zwei Schultern breit vor dem anderen. Die Fersen sind auf einer Linie. Die Zehen des vorderen Fußes zeigen nach vorne, die des hinteren leicht schräg zur Seite. Das Hauptgewicht liegt auf dem **hinteren Bein,** das angewinkelt ist. Das vordere Bein sollte nicht ganz durchgestreckt sein. Der Oberkörper zeigt eher zur Seite.

Bei der **Seitwärtsstellung** steht man zwei Schultern breit auseinander und belastet **beide Beine gleichmäßig.** Die Füße sind parallel auf einer Linie. Die Knie sollten leicht nach außen gedreht werden und angewinkelt sein, möglichst in einem 90°-Winkel. Die Zehen zeigen nach vorne beziehungsweise leicht nach innen. Der Oberkörper zeigt auch in dieser Stellung nach vorne.

Die Rückwärtsstellung

Die Vorwärtsstellung

Die Seitwärtsstellung oder Reiterstellung

Hand-Techniken

Es gibt viele Möglichkeiten anzugreifen. Grundsätzlich unterscheidet man zwischen **Hand-** und **Tritt-Techniken.** Die Hand-Techniken können **geschlossen** und **offen** sein. Zu den geschlossen Techniken gehören alle Faust-Techniken, zu den offenen zum Beispiel der Handkantenschlag.

Beispiele für Faust-Techniken

einfacher Fauststoß

Den Arm nicht ganz durchstrecken! Man trifft mit den Handknöcheln des Zeige- und Mittelfingers, nicht mit den Fingergelenken.

Schwinger

Ein Schlag, der von außen kommt und auf die Schläfen des Gegners trifft. Bei der Ausführung des Schwingers wird die Faust gedreht.

Haken

Ein Schlag mit der Faust, der von unten kommend zum Kinn oder Unterleib führt.

Beispiele für offene Hand-Techniken

Handkantenschlag

Schlag mit der Innen- oder Außenkante der Hand, der Daumen ruht zum Schutz auf der Handinnenfläche.

Fingerspitzenstoß

Ring- und Zeigefinger werden aneinandergelegt, der Mittelfinger liegt auf ihnen. So bildet sich eine Spitze, mit der man trifft.

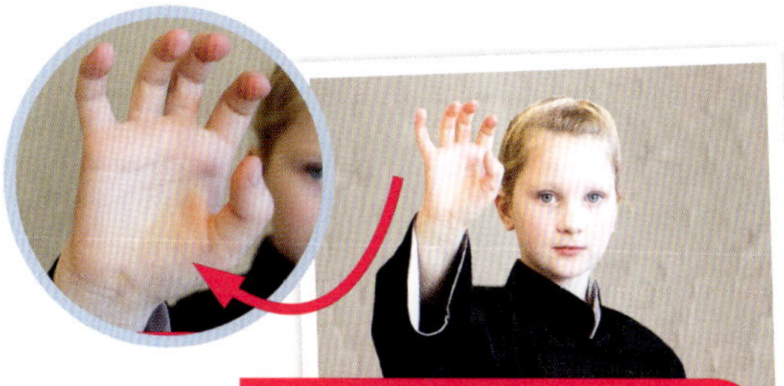

Handballenstoß

Getroffen wird mit dem Handballen. Die Finger sind meist angewinkelt, so als würde man eine Tigerpfote mit ausgefahrenen Krallen nachahmen.

Blöcke

Bei den Blöcken gilt Ähnliches wie bei den Hand-Techniken. Auch hier kann man zwischen **geschlossenen** und **offenen** Blöcken unterscheiden. Ein Block kann nach oben, unten oder zu einer Seite ausgeführt werden. Er kann hart oder weich sein.

Zu den **harten Blöcken** gehören alle Blöcke mit der geschlossenen Faust und der Handkante. Die Fauststellung bei den Blöcken ist von Kampfkunst zu Kampfkunst unterschiedlich. Zu den **weichen Blöcken** gehören Blöcke, die in einer fließenden Bewegung mit der offenen Hand ausgeführt werden, also zum Beispiel mit dem Handrücken oder dem Handballen.

Hier siehst du einige Beispiele:

Block von innen nach außen
Der Block mit links beginnt an der rechten Hüfte und endet auf Höhe der linken Schulter, als würdest du ein Schwert aus der Scheide ziehen.

Block nach unten
Lege deine linke Faust auf die rechte Schulter. Halte den rechten Arm gestreckt nach unten. Rutsche dann mit der linken Faust den Arm herunter und ende kurz über dem linken Knie. Dieser Block wird meist gegen Fußtritte eingesetzt.

Block nach oben
Der Block mit rechts beginnt an der Hüfte und wird vor dem Körper nach oben geführt, als würdest du mit der Faust unter dein Kinn schlagen. Ist deine Faust auf Kopfhöhe, bewegt sich dein Ellbogen nach außen. Dein Arm und deine Faust drehen sich. Erst schaust du also die Innenseite an, dann die Außenseite.

Block von außen nach innen
Halte die linke Faust neben deinen Kopf, der Ellbogen zeigt nach links außen. Führe die Faust dann bis zur Höhe deiner rechten Schulter. Der Ellbogen zeigt nach unten. Deine Faust hat sich dabei gedreht. Der Daumen zeigt nun zu dir.

Tritt-Techniken

Bei den meisten Tritten wird das Bein vorher angewinkelt vor dem Körper gehalten.

Vorwärtstritt

Getroffen wird beim klassischen Vorwärtstritt mit dem Fußballen.

Getroffen wird mit der Ferse. Das Standbein wird zur anderen Seite eingedreht.

Rückwärtstritt

Messertritt

Getroffen wird mit der Außenkante, aber im Gegensatz zum Seitwärtstritt zeigen die Zehen nach oben.

Sprungtritt

Der Sprungtritt ist meistens ein Vorwärts- oder Seitwärtstritt, der aber im Sprung ausgeführt wird.

Seitwärtstritt

Getroffen wird mit der Außenkante. Auch hier wird das Standbein zur anderen Seite eingedreht.

Selbstverteidigung

„So, Chen. Ich hoffe, du verstehst jetzt alles besser. Leg dich noch eine Weile hin, schon bald beginnt das Training. Heute trainierst du ein paar neue Übungen zur Selbstverteidigung." Ich erklärte meinem Schüler noch kurz ein paar Dinge über die Selbstverteidigung, dann wendete auch ich mich wieder meinen Übungen zu.

Bei der Selbstverteidigung lernt man, verschiedene Angriffe **abzuwehren.** Man bringt den Gegner so weit unter **Kontrolle,** dass er nicht noch einmal angreifen kann. Im besten Fall kann man sogar weglaufen. Beim Kung-Fu unterscheidet man bei der Selbstverteidigung zwischen *Pokkeks* und *Dju-Su.* Pokkeks sind **Partnerübungen,** bei denen die Techniken vorgeschrieben sind. Dju-Su sind Partnerübungen, bei denen man sich die Techniken frei aussuchen kann. Im Karate sagt man zu den Partnerübungen *Kumite.* Auf den folgenden Seiten findest du drei einfache, aber wirkungsvolle Übungen.

Bitte denke beim Ausprobieren daran, dass du einen Partner und keinen echten Gegner vor dir hast. Also aufpassen und die Technik nicht mit voller Kraft ausüben oder vor dem Körper stoppen!

1. Partnerübung
Dein Partner hält deine beiden Handgelenke von vorne fest.

Du verteidigst dich, indem du die Finger **spreizt** und den Gegner **schockst.** Das geht bei dieser Übung am besten, indem man dem Gegner vor das Schienbein tritt.

Danach **drehst** du deine Hände nach innen und oben. Beim Greifen bleibt zwischen Daumen und Zeigefinger nämlich meist eine Lücke frei. Diese nutzt du, um deine Hände zu befreien.

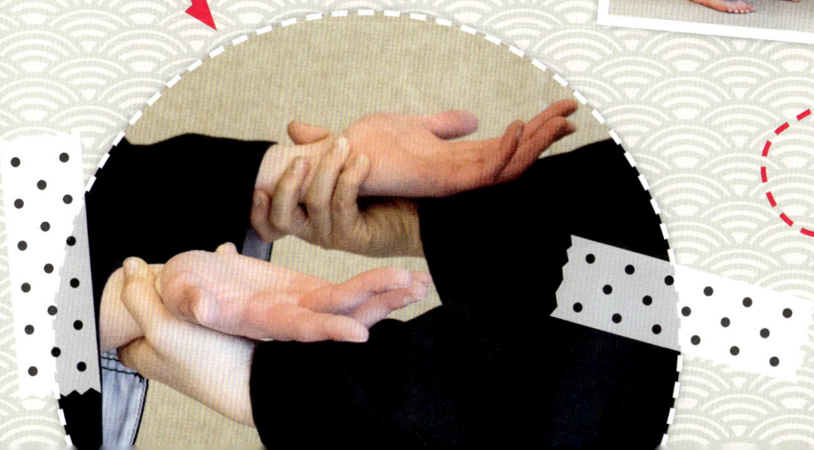

Danach **stößt** du den Gegner mit ganzer Kraft nach hinten.

2. Partnerübung
Dein Partner fasst mit beiden Händen deinen Kragen.

Als Verteidiger **schockst** du zunächst wieder, entweder mit einem Fauststoß in den Magen oder mit einem Tritt gegen das Schienbein.

Dann **reißt** du deine Hände zwischen den gegnerischen Armen bis ganz **nach oben.**

Als Nächstes **schlägst** du die Außenkante von deinen Händen, also die Seite ohne Daumen, am Hals des Gegners vorbei.

Zuletzt ziehst du die Hände bis vor deinen Körper zurück und nimmst so schon die Position ein, um den Gegner am Ende wieder **wegzustoßen.**

3. Partnerübung
Dein Partner würgt dich.

Dann **schockst** du mit einem Fauststoß oder Tritt.

Ganz wichtig! Bevor der Gegner deinen Hals erreicht, **ziehst** du schnell deine **Schultern hoch** und legst das **Kinn auf** deine **Brust.**

Als Nächstes bildest du eine **Doppelfaust** (siehe rundes Bild) und schlägst gegen die Innenseiten der gegnerischen Arme.

Zum Schluss **stößt** du den Gegner wieder weg.

Dir, lieber Leselauscher, wünsche ich viel Spaß beim Ausprobieren und Erlernen einer Kampfkunst.

Dein Li Wan

Stichwortverzeichnis

Weitere Leselauscher-Bände